Deus cuida de mim

Dados Internacionais de Catalogação na Publicação (CIP)
(Câmara Brasileira do Livro, SP, Brasil)

Marchini, Welder Lancieri
 Deus cuida de mim : reflexões e orações para
mulheres / Welder Lancieri Marchini. –
Petrópolis, RJ : Vozes, 2024.

 ISBN 978-85-326-6774-8

 1. Literatura devocional 2. Mulheres – Aspectos
religiosos 3. Oração – Cristianismo 4. Reflexões –
Ensinamento bíblico I. Título.

24-190180 CDD-242

Índices para catálogo sistemático:
1. Literatura devocional : Cristianismo 242
Eliane de Freitas Leite – Bibliotecária – CRB 8/8415

Welder Lancieri Marchini

Deus cuida de mim

Reflexões e orações para mulheres

EDITORA VOZES

Petrópolis

© 2024, Editora Vozes Ltda.
Rua Frei Luís, 100
25689-900 Petrópolis, RJ, Brasil
www.vozes.com.br

Todos os direitos reservados. Nenhuma parte desta obra poderá ser reproduzida ou transmitida por qualquer forma e/ou quaisquer meios (eletrônico ou mecânico, incluindo fotocópia e gravação) ou arquivada em qualquer sistema ou banco de dados sem permissão escrita da editora.

CONSELHO EDITORIAL	**PRODUÇÃO EDITORIAL**
Diretor	Aline L.R. de Barros
Volney J. Berkenbrock	Marcelo Telles
	Mirela de Oliveira
Editores	Otaviano M. Cunha
Aline dos Santos Carneiro	Rafael de Oliveira
Edrian Josué Pasini	Samuel Rezende
Marilac Loraine Oleniki	Vanessa Luz
Welder Lancieri Marchini	Verônica M. Guedes
Conselheiros	**Conselho de projetos editoriais**
Elói Dionísio Piva	Isabelle Theodora R.S. Martins
Francisco Morás	Luísa Ramos M. Lorenzi
Gilberto Gonçalves Garcia	Natália França
Ludovico Garmus	Priscilla A.F. Alves
Teobaldo Heidemann	

Secretário executivo
Leonardo A.R.T. dos Santos

Editoração: Natalia Machado
Diagramação: Raquel Nascimento
Revisão gráfica: Alessandra Karl
Capa: Lara Gomes

ISBN 978-85-326-6774-8

Este livro foi composto e impresso pela Editora Vozes Ltda.

Quando Israel era um menino,
eu o amei e do Egito chamei meu filho.
Mas quanto mais eu os chamava,
tanto mais se afastavam de mim.
Sacrificavam ao deus Baal
e queimavam incenso aos ídolos.
Contudo, fui eu que ensinei Efraim a caminhar;
eu os tomei nos braços,
mas não reconheceram que eu cuidava deles!
Com vínculos humanos eu os atraía,
com laços de amor;
eu era para eles como quem levanta uma
criancinha a seu rosto,
eu me inclinava para ele e o alimentava.

(Oseias 11,1-4)

Sumário

Primeiras palavras, 11

A importância do perdão, 16

O poder das pequenas coisas, 18

Misericórdia, 20

Seu valor, 22

A beleza que há em você, 24

Nada acontece sem trabalho e dedicação, 26

Na vida, é preciso descansar, 28

O fermento do mal, 30

Por que o medo?, 32

Ser autêntica, 34

Os julgamentos podem ser muito ruins, 36

Liberte-se dos julgamentos dos outros, 38

Seja humilde, afinal, a vaidade nos engana, 40

A sabedoria está no equilíbrio, 42

Mesmo sozinha, caminhe!, 44

Cultive a sabedoria, 46

Nossa vida é uma peregrinação, 48

Ser justa é ajustar-se a Deus, 50

Cantar a beleza da vida, 52

Quando mudar é preciso…, 54

Posso ser forte, 56

À imagem de Deus, 58

E se fosse diferente?, 60

Dar afeto é dar um pouco de si mesmo, 62

Permita-se receber afeto, 64

Quando termina o luto?, 66

Elevo a Deus a minha oração, 68

Por vezes a direção vale mais do que a intensidade, 70

Cultive bons hábitos, 72

Valorize o dom da vida, 74

Novos horizontes, 76

Valorize a família, 78

Aceite ajuda. Ninguém se basta, 80

Ninguém dá o que não tem, 82

Dedicamo-nos àquilo que é importante, 84

No palco da vida, 86

Não se tome pela preocupação, 88

Na vida é preciso ter paciência, 90

Às vezes é preciso ter atitude, 92

Quando as coisas fugirem do controle, respire, 94

Cuidando da mente, 96

Quem tem uma amiga encontrou um tesouro, 98

A força das palavras, 100

Mantenha a serenidade, 102

Desapegue-se daquilo que não serve mais, 104

Minha vida de espiritualidade, 106

Seja luz!, 108

É bom ser amável, 110

Busque ser melhor, mas aceite o erro, 112

E quem cuida de mim?, 114

O poder de ser solidária, 116

Cuidar do corpo é importante, 118

Tenha esperança, 120

Às vezes a enfermidade chega, 122

Cultive seus ideais, 124

Agradeça, 126

Os encontros que a vida nos dá, 128

Entusiasmo, 130

Deus nos abençoa, 132

Primeiras palavras

Cada pessoa estabelece uma relação com Deus e isso tem muito a ver com a nossa própria história de vida. Quem nunca ouviu, quando criança, uma frase como "Papai do céu vai ficar triste" ou ainda "Deus está vendo o que você está fazendo"? Muitas vezes essas frases estão acompanhadas de um tom de julgamento e podem criar em nós uma experiência de um "deus punitivo" e que está sempre nos observando para que, no momento oportuno, possa nos cobrar por aquilo que fizemos.

Somos, sim, responsáveis por aquilo que fazemos, mas não porque Deus vai nos punir, mas porque Ele está do nosso lado, nos ensinando e nos acompanhando, o que nos torna responsáveis e maduros. Por isso, este singelo livro é um convite para que façamos a experiência do Deus que cuida de nós, assim como a mãe amorosa cuida de seus filhos e filhas. E por vezes há uma bronca, mas também há o remédio quando se está doente, quase sempre acompanhado do chá aconchegante ou do chocolate quente quando a mãe sabe que essa é a nossa preferência. Também há sempre o aviso de "leve a blusa porque vai fazer frio!", o que é a expressão de um cuidado que só quem ama tem. Assim como quem ama e cuida, Deus é afetuoso.

Os textos bíblicos podem nos ajudar a resgatar a experiência amorosa de Deus e com Deus. É muito comum a ideia de que o Antigo Testamento traz a imagem de um Deus cheio de ira e por vezes duro com seu povo. Provavelmente essa é a imagem formulada pelas constantes experiências de guerra que faziam parte do cotidiano do povo hebreu. Mas também podemos ver no relato da criação (Gn 1,1–2,3): Deus cria por amor. E mais do que isso, Deus cria para poder expressar seu amor. Se não existíssemos, como Ele nos amaria? Nessa hora me pergunto se valeria não existir, pois somente existindo podemos experimentar esse amor de Deus.

No nascimento de Jesus podemos experimentar o amor que se faz tão próximo a ponto de se tornar completamente exposto e vulnerável. Deus fez-se menino, totalmente dependente dos cuidados humanos. Mas também se manifestou como um Deus capaz de cuidar e, para isso, fazer-se cuidado. Jesus cuida dos doentes, dos pobres, das mulheres excluídas. Máxima expressão do amor divino, Deus cuida de tal modo de sua criação que aceitou morrer na cruz. E sim, é Deus Filho que morre na cruz e é ressuscitado por Deus Pai. Que lindo amor! É como o amor de uma mãe que está sempre presente.

Deus cuida! Não porque mereçamos nem deixemos de merecer; não porque queira algo em troca, mesmo que fique feliz quando nos aproximamos dele; não porque queira nos dar uma bronca, mesmo que também nos corrija quando é necessário. Deus simplesmente cuida porque isso faz parte de sua natureza. Ele é todo amor e, sendo inteiramente amor, é esse amor tudo e somente o que Ele tem para nos dar.

Como diz Santa Teresinha do Menino Jesus, em seu poema *Viver de amor*, ao tratar da relação amorosa com Deus:

> Viver de amor é dar sem medida,
> Sem reclamar o salário na terra.
> Ah! Sem contar eu dou, mui segura,
> Pois quando se ama, não se calcula.
> Ao coração divino, que transborda ternura
> Eu tudo entreguei! E corro levemente…
> Nada mais tenho senão a única riqueza:
> Viver de amor.

Welder Lancieri Marchini
25 de dezembro de 2023
Natal de Jesus.

*Nada te perturbe, nada te assuste,
tudo passa. Deus nunca muda.
A paciência tudo alcança.
Quem a Deus tem, nada lhe falta.
Só Deus basta!*
Santa Teresa d'Ávila

A importância do perdão

Apegar-se àquilo que algum dia nos machucou, além de não resolver as situações do passado, torna-se um fardo para a nossa vida. Perdoar torna livre a pessoa que feriu, mas também a que foi ferida.

Se não perdoares a ti próprio, como conseguirás perdoar os outros?
Dolores Huerta

Jesus, Senhor do perdão,
ajuda-me a perdoar aqueles
que em algum momento me feriram.
Peço também que me ajudes a
perdoar-me a mim mesma.
Dá-me a graça de ser levantada por ti,
para que livre de meus fardos,
seja capaz também de perdoar os outros
e livrá-los de seus fardos.
E que assim seja.

O poder das pequenas coisas

O café da casa da avó, o carinho do pai e da mãe antes de dormir, aquela bala que uma amiga nos dá e que nos lembra que somos queridas por alguém. Esses pequenos gestos trazem um colorido especial para a nossa vida. Mas cuidado! Muitas vezes só percebemos como eram importantes quando não os temos mais.

Onde se planta amor, cresce alegria.
Santa Isabel da Hungria

Eu agradeço por tudo aquilo que alegra meu dia.
A roupa cheirosa, a comida quentinha,
o beijo de quem me ama,
a mensagem de carinho que chega
quando eu nem esperava.
Agradeço também pelo sol que ilumina meus dias,
pela semente que germina
e pela planta que cresce,
mesmo sem percebermos, por cada botão que brota
e se transforma em uma bela flor.
No silêncio das pequenas coisas
muita beleza se manifesta.
Obrigada Deus, obrigada.

Misericórdia

Ter misericórdia é assumir um coração pobre, despojado, um coração que nada de mau carrega consigo. Ser misericordiosa é tornar-se capaz de livrar o coração de toda mágoa, rancor ou ódio. Deus é misericordioso porque nos acolhe em seu coração não por nosso merecimento, mas porque seu coração é grande.

Ser misericordioso é ser amável, é ser aberto, é mostrar confiança, é ser um amigo.
Joan Chittister

Pai amado,
teu coração é grande e acolhedor,
livre de toda barreira
e pronto para receber cada filho e filha.
Recebe-me em teu coração,
para que também eu consiga ser misericordiosa,
limpando meu coração de tudo o que é empecilho
para que eu acolha as pessoas e todo o bem.

Seu valor

Cada pessoa é única e tem seu valor por aquilo que é, pela história que construiu e por aquilo que pode ser. Cada ruga de seu corpo, cada calo de suas mãos e de seus pés, cada fio de cabelo branco conta a sua história e mostra quem você é, e isso é lindo pois faz de sua história uma narrativa única e autêntica. Não deixe que nada nem ninguém tire seu valor.

Nada é tão grande quanto o coração do ser humano, no íntimo do qual Deus reside.
Santa Clara de Assis

Deus de amor,
sou criação de tuas mãos
e vejo beleza em cada detalhe que compõe meu ser.
Tudo o que me forma diz quem sou.
Ajuda-me a reconhecer meu valor.
Minhas características não me definem,
mas elas dizem muito sobre mim;
quero acolhê-las e, se for preciso, transformá-las.

A beleza que há em você

As comparações têm muito de injustiça. Elas fazem com que nos meçamos pela régua dos outros. É comum que alguém se sinta bonita ou feia, capacitada ou não olhando para alguém. Mas será que não podemos, simplesmente, perceber a beleza que temos? Afinal, cada mulher tem sua própria beleza e suas características que são únicas.

Em Deus, em Deus se encontram todas as doçuras, e neste menino encarnado que trago dentro de mim. Tudo aquilo que há de belo e de bom, tudo está nele, e neste depositei todo o meu bem.
Beata Maria Vitória de Fornari Strata

Pai querido,
cada traço que há em mim
foi moldado com carinho.
Cada célula do meu corpo se juntou a outra
fazendo com que tecidos, ossos
e todo o meu ser se formasse.
Sei que tenho características
que são somente minhas.
Meus traços, cada sinal do meu corpo
e mesmo o meu modo de ser formam
aquilo que eu sou.
Ajuda-me a perceber e valorizar a
beleza que há em mim, em meu corpo,
em meu rosto, em meu ser,
naquilo que me faz ser o que sou.
Amém.

Nada acontece sem trabalho e dedicação

A vida não nos dá aquilo que queremos sem que nos dediquemos. É claro que cada pessoa parte de suas condições. Mas quem trabalha por aquilo que você sonha? Quem se dedica à construção de seus projetos e desejos? O trabalho não se limita ao nosso emprego, que nos dá o sustento e é muito digno. Trabalhamos quando nos dedicamos àquilo que sonhamos, quando nos esforçamos e nos empenhamos em favor daquilo que queremos construir.

Ninguém pode chegar ao topo armado apenas de talento. Deus dá o talento, o trabalho transforma o talento em genialidade.
Anna Pavlova

Quantos projetos fazem parte de mim!
Quero força e vontade e ânimo para realizá-los,
quero que me ajudem a ser uma pessoa melhor.
Que a cada manhã eu me desperte
com o objetivo de trabalhar pela minha realização
e que cada atividade que eu fizer
seja demonstração do meu empenho
e dos meus ideais.
Senhor, dá-me a força para trabalhar em favor
daquilo que desejo,
e dá-me a graça de que meus projetos e ideais
sejam sempre sustentados pela tua vontade.

Na vida, é preciso descansar

Pare! Você não precisa carregar o mundo em suas costas. A pessoa madura sabe de suas obrigações, mas também sabe que às vezes é preciso parar e descansar. Durma bem para descansar o corpo, busque boas leituras, músicas para descansar a mente e a oração para descansar a alma. Tenha certeza: descansada, também seu trabalho será melhor.

*Deus criou nossa alma
para que seja sua cidade
e o lugar de seu descanso.
É o que Ele mais aprecia
de toda a criação.*
Juliana de Norwich

Senhor,
deixa que eu possa descansar em teus braços,
assim como o bebê se ampara no
colo do pai e da mãe.
Quero poder estar contigo.
Zela por mim como a mãe que olha o bebê
dormindo no berço.
Sei que enquanto descanso
muitas tarefas podem esperar,
porque alguém cuida de mim.

O fermento do mal

Não alimente situações e sentimentos ruins. Quando temos raiva de alguém e alimentamos esse sentimento falando mal dessa pessoa, só o fazemos crescer ainda mais. O mal é como a massa do pão. Se a alimentamos com fermento e calor, ela cresce. Mas se não a alimentamos, simplesmente a massa deixa de crescer.

Agarrar-se à raiva só lhe dará músculos tensos.
Joan Linden

Senhor, por vezes quero fazer o bem,
mas acabo não conseguindo.
Quantas vezes poderia ter sido mais tranquila,
não alimentando desafetos, intrigas e maldizeres.
Quero ser paciente,
tendo o discernimento para dizer
aquilo que é necessário,
mas também a serenidade para evitar situações
em que a maldade será alimentada.
Que minha presença seja propulsora
de tua bondade.
Amém.

Por que o medo?

Geralmente, o medo que temos está relacionado mais à nossa imaginação do que à realidade. Mas como assim? O medo é, muitas vezes, causado por aquilo que pensamos que pode acontecer. Há situações em que ter medo não apenas é sensato, mas prudente, pois pode nos proteger dos perigos. Por exemplo, quando estamos em um lugar muito alto, podemos ter medo de cair, e isso pode salvar nossa vida. Mas o medo também pode nos impedir de ir adiante quando cria em nossa mente imagens irreais e pouco sensatas.

> *O medo é o mais antigo e fiel companheiro*
> *da humanidade e é o medo que nos*
> *faz conhecer nossas limitações e*
> *nos torna humildes.*
> Rachel de Queiroz

Dá-me, Senhor,
o dom de ser prudente e sensata.
Que o medo não tome conta de mim,
mas que eu seja capaz de perceber,
com serenidade, os riscos que existem na vida,
que também seja capaz de dar novos passos
e tomar novos rumos quando for necessário.
Que o medo não me apavore
e que sua luz me ilumine.
Amém.

Ser autêntica

Tem um ditado que diz que quem obedece nunca erra. Mas esse ditado não é bem verdade, isso porque escolher obedecer a alguém pode ser um erro quando há maldade naquilo que fazemos. Também não significa que devamos ser desobedientes. Mas devemos ser autênticas, buscando discernir aquilo que devemos ou não fazer e escolher. Seja você mesma, buscando a maturidade e a sabedoria.

A verdade padece, mas não perece.
Santa Teresa d'Ávila

Jesus,
Tu que foste autêntico,
andando com doentes,
prostitutas e cobradores de impostos,
quando isso era considerado ruim,
Tu que curaste em dia de sábado,
quando havia proibição a que isso acontecesse,
ajuda-me a encontrar a autenticidade
que está na busca de ser uma pessoa melhor.
Se me deres isso, serei feliz.
Ajuda-me a ser melhor e isso me basta.

Os julgamentos podem ser muito ruins

Quem pode julgar a atitude alheia? Sobretudo quando nada temos a ver com a situação, ou se não podemos ajudar, o melhor é o respeito e, às vezes, um certo distanciamento, isso porque o julgamento só faz com que a outra pessoa seja diminuída. Quem julga a outra pessoa, a julga com seus próprios critérios, diminuindo-a ou agredindo-a. Será que assim é possível ajudar alguém?

Olhemos para as nossas faltas e deixemos de lado as falhas dos outros.
Santa Teresa d'Ávila

Como é difícil não emitir juízos e julgamentos.
Às vezes meu olhar de reprovação
ou minha atitude corporal
mostram o quanto não gosto de algo ou alguém.
Jesus bondoso, que te aproximaste de cada pessoa
sem julgar, mas acolhendo,
ajuda-me a cultivar um coração despretensioso,
capaz de acolher sem julgar
e de entender sem condenar.

Liberte-se dos julgamentos dos outros

Nem sempre as outras pessoas sentem as nossas dores, vivem as nossas angústias ou enxergam o mundo a partir da nossa história. Às vezes elas podem nos ajudar e somar. Mas se apenas nos julgam, o melhor é nos libertarmos desses julgamentos para não termos mais um fardo para carregar.

A discórdia mata a união fraterna.
A língua que semeia a discórdia
mata o coração.
Madre Yvonne Aimée

A vida já tem seus fardos.
Como é difícil carregar também
o fardo dos julgamentos que os outros emitem.
Quero ser quem eu sou,
com minhas dores e alegrias,
com minhas características e potencialidades,
mas sem ter a obrigação de carregar
os juízos que os outros fazem de mim.

Seja humilde, afinal, a vaidade nos engana

A pessoa vaidosa estabelece suas bases sobre a ilusão de que é melhor do que os outros. A pessoa vaidosa não consegue enxergar suas próprias limitações e, inflada por suas ilusões, acredita que se basta. A pessoa humilde, ao contrário, sabe de suas virtudes e potencialidades, mas entende que, na vida, não nos bastamos, precisamos dos outros.

Ocupemos o último lugar. Ninguém brigará conosco por causa dele.
Santa Teresinha do Menino Jesus

Jesus, manso e humilde de coração,
que sendo Deus te fizeste o mais
humilde dos seres humanos,
tira de mim toda forma de vaidade.
Que meu coração bata em sintonia com o teu
misericordioso coração
e que nele caibam todos aqueles
que participam da minha vida.

A sabedoria está no equilíbrio

Os excessos podem ser muito ruins. Quando comemos demais, podemos ter problemas de saúde. Mas deixar de comer também pode ser perigoso. Há mais sabedoria na alimentação equilibrada. Do mesmo modo, uma pessoa extremamente afetuosa pode ser inconveniente tanto quanto quem é frio e insensível. Na vida, muitas vezes o importante é saber ter equilíbrio.

É preciso crer, ainda, que é quase sempre do fracasso que tiramos as grandes lições para uma retomada de posição e que cada queda implica um eliminar contínuo do que não convém até chegar ao equilíbrio de nossas vivências.
Arita Damasceno Pettená

Senhor,
ajuda-me a ter o discernimento necessário
para conseguir o equilíbrio em minhas ações.
Que eu não peque pela falta nem pelo excesso,
mas que seja ponderada
no meu modo de ser e agir.
Quando eu perceber-me no excesso ou na ausência,
ajuda-me a ter paciência e lucidez.
Que assim seja.

Mesmo sozinha, caminhe!

Às vezes você pode se sentir sozinha. Como seria bom ter a companhia de alguém que a entendesse, ajudasse ou que simplesmente estivesse com você. É triste sentir-se sozinha, mas também é necessário que você entenda que é importante caminhar. Dê passos, busque caminhos, seja persistente. Você é a maior interessada no sucesso da sua vida.

Se desejarmos seguir os caminhos de Deus,
sua santa sabedoria seguramente
vai nos guiar e nos ensinará
o que é melhor para nós.
Joyce Rupp

Senhor, caminha comigo.
Às vezes não tenho forças para dar passos,
não tenho ânimo para buscar possibilidades.
Como seria bom ter alguém comigo,
que compartilhasse das minhas
angústias e aflições.
Senhor, vem ser essa companhia que me ampara.
Quero sempre caminhar contigo,
na tua presença e na tua paz.
E quando não houver um horizonte,
que Tu sejas presença no meu caminhar.

Cultive a sabedoria

A sabedoria é consequência do aprendizado com a vida. É sábia a pessoa que olha para as situações com paciência e amorosidade. Nem sempre pessoas inteligentes são sábias. As pessoas inteligentes podem falar bem e ter as informações. Mas as pessoas sábias conhecem a vida, são capazes de entender cada situação; podem até não ter uma resposta agradável, mas são capazes de nos indicar o caminho que nos leva ao crescimento.

O saber se aprende com os mestres.
A sabedoria, só com o corriqueiro da vida.
Cora Coralina

Espírito de Deus, dá-me sabedoria
para que eu consiga olhar para a
vida com serenidade,
mas também com responsabilidade.
Que meu olhar não seja vão nem tolo,
mas que eu busque agir com
prudência e amorosidade,
segundo teus dons e tua sabedoria divina.

Nossa vida é uma peregrinação

Quem faz uma peregrinação não está preocupado somente em chegar ao seu destino, mas entende que se colocar a caminho é importante. O peregrino faz a experiência de estar sozinho e aceita o desafio de encontrar-se consigo. A peregrinação representa a própria caminhada que é a vida. Nela há momentos de maior cansaço, às vezes o sol é escaldante, às vezes precisamos da água que é oferecida por outro peregrino e uma sombra pode ser aconchegante. Assim também é a nossa vida, um peregrinar...

Quem não deixa de caminhar,
mesmo que tarde, afinal chega.
Santa Teresa d'Ávila

Caminhar…
por entre subidas,
saltando pedras e buracos que aparecem,
às vezes com a ajuda de um bastão,
às vezes sozinha,
às vezes com a ajuda de alguém,
mas sempre caminhando…
peregrinando até o meu eu,
até o meu objetivo,
e sempre com a presença de Deus.

Ser justa é ajustar-se a Deus

É comum pensarmos que alguém justo é aquele que faz o que é correto e bom, e essa ideia está certa. Mas vamos pensar que também é justo algo que está ajustado, ou seja, como uma roupa que não está larga, mas recebe os contornos daquele corpo. Na tradição bíblica, é comum entender-se que é justo aquele que se ajustou à vontade de Deus, tornando-se mais próximo dele.

De manhã, despertemos no amor.
Entreguemo-nos o dia inteiro ao
amor, a cumprir a vontade
de Deus, sob o seu olhar...
Santa Elisabete da Trindade

Pai amado,
dá-me a possibilidade de ajustar-me
aos teus desejos e princípios.
Quero que haja harmonia entre nós.
Que eu seja uma extensão de teus projetos
e de tua vontade.
Assim, onde minha voz falar, que tua voz se ouça,
e onde minha mão tocar, que seja
o teu toque sentido.
Dá-me a graça de ser tua presença entre as pessoas.
Que assim seja.

Cantar a beleza da vida

Olhe ao seu redor e perceba a beleza que o mundo apresenta. Às vezes nossa vida é tão corrida ou agimos de forma tão previsível que não conseguimos perceber pequenas coisas como o canto do passarinho, a flor que nasce, o animalzinho e sua fofura ou o belo dia de sol. Dê uma pausa na rotina e na correria. Olhe ao redor ou espie pela janela e veja a vida que pulsa no mundo.

A beleza está nas pessoas, nas plantas, nos bichos, em todas as coisas de Deus. É mais intensa ainda nos olhos de quem consegue ver, acima da simplicidade, a beleza com que Ele criou cada pequeno detalhe da vida.
Santa Dulce dos Pobres

Pai de bondade,
quero sentir nos meus dias a vida que vem de ti.
Quero poder viver o ritmo do canto dos
pássaros e o vigor das plantas que crescem,
alimentadas pela água que vem da terra.
Basta que eu perceba que estou rodeada da tua criação,
que é bela e viva.

Quando mudar é preciso...

Às vezes a vida nos pede mudanças. Mudança de ares, mudança de direção, mudança de atitudes. E quando saber que é preciso mudar? Não é fácil. Para saber, é preciso discernimento, amadurecimento, oração. Muitas vezes as mudanças são como a troca de casca de uma cigarra. Quando ela não cabe mais em seu esqueleto, que é externo, ela emite um som tão forte que a casca se rompe. Às vezes não cabemos mais nas cascas que nos envolvem e, então, a vida nos chama a mudar.

A vida é uma ponte. Atravessa-a, mas não fixes nela a tua morada.
Santa Catarina de Sena

Dá-me, Senhor, a serenidade
para que eu tenha a tranquilidade
de passar pelas mudanças que a vida me pede.
Que meu canto seja de liberdade
e não de sofrimento.
Que minhas cascas sejam de proteção
e nunca de aprisionamento,
que as mudanças sejam, sempre,
consequência de meu amadurecimento.

Posso ser forte

Algumas mulheres podem ter aprendido durante sua vida que são frágeis e precisam de proteção. Podemos, sim, proteger quem amamos, mas isso não pode ser confundido com a ideia de que ser mulher é ser frágil, como é comum dizerem. Mulheres, como qualquer ser humano, têm seus momentos de fragilidade e de força. Não tenha medo de ser forte. Pelo contrário, apenas tenha medo de se apequenar.

No amor e na fé encontraremos as forças necessárias para nossa missão.
Santa Dulce dos Pobres

Quero ser forte!
Forte para ser responsável pela minha própria vida
e para poder proteger aqueles que eu amo.
Quero olhar para a minha vida
e saber que fiz tudo o que era capaz de fazer
e ser feliz pelo que conquistei e construí.
Que minha força seja como a de Jesus,
manso e humilde de coração,
que não se apequenou,
mas dedicou-se aos mais frágeis.
Que assim seja!

À imagem de Deus

Deus nos criou à sua imagem e semelhança. Somos feitas por sua mão e pensadas com carinho e afeto. Em nós habita o sopro do Espírito. Deus habita dentro de cada ser humano e cada pessoa traz consigo o dom de ser presença de Deus, reflexo de sua luz e sinal de sua bondade. Por isso perceba o valor que você tem, como criação e desejo de Deus; e como aquele que dá a vida, Deus também cuida de cada filha, de cada filho.

Deus é tão verdadeiramente mãe como pai.
Santa Juliana de Norwich

Percebo a tua presença em mim, ó Deus.
Sou tua imagem, sou tua filha.
Tudo o que me forma é dom que vem de ti,
pensado por ti com carinho,
dado como sinal do teu amor.
Agradeço pelo que sou, agradeço
pelo meu jeito de ser,
que me faz única, que me faz imagem tua.
Ajuda-me para que me torne
cada vez mais tua imagem
e viva à tua semelhança.

E se fosse diferente?

Quem nunca parou para pensar em como seria a vida se algo no passado houvesse acontecido de maneira diferente? E se aquele emprego tivesse dado certo? E se eu não tivesse terminado aquele namoro? E se eu tivesse decidido não mudar de cidade? Nunca saberemos como a vida seria se não fosse do jeito que ela é. Mas não se deixe enganar pelas expectativas. Aceite como dom sua história.

Meu Deus, perdoa o que fui,
corrige o que sou
e dirige o que serei.
Santa Elizabeth Ann Bayley Seton

Minha história é fruto das minhas escolhas.
Sei, Senhor, que fiz aquilo que poderia ter feito.
Construí o que tinha condições
em cada momento da minha existência.
Mesmo os erros que cometi, por eles peço perdão,
mas os percebo como parte da minha história.
Acolho tudo como dom,
como fruto da minha liberdade e maturidade.

Dar afeto é dar um pouco de si mesmo

Como é bom compartilhar aquilo que temos e aquilo que somos. Quem oferece algo ao outro, seja um bem material, seja um gesto sincero, dá um pouco de si mesmo. Como é feliz o momento da comida compartilhada, da dança com outras pessoas, da conversa com quem é amiga. A vida é muito melhor quando temos com quem compartilhar o que trazemos em nós. E os nossos afetos é o que temos de mais valioso.

*O que cura é a alegria,
o que cura é o afeto.*
Nise da Silveira

Sou grata, Senhor, pelo afeto que recebo.
Mas sou grata também pelo afeto
que sou capaz de oferecer.
A afeição que tenho pelos outros
me mostra que não vivo sozinha
e que minha vida conta com pessoas
que merecem ser amadas, assim como eu mereço.

Permita-se receber afeto

Às vezes achamos que é difícil amar, mas há quem não saiba receber afeto, talvez porque não se ache merecedora de amor ou mesmo porque não se acostumou a isso. Nenhum ser humano é indigno a ponto de não merecer afetos. Merecemos receber afeto, e cada expressão de carinho que recebemos é reconhecimento de que somos filhas amadas de Deus.

Quem ama, faz sempre comunidade;
não fica nunca sozinho.
Santa Teresa d'Ávila

O beijo da pessoa amada,
o carinho da criança,
o abraço da amiga ou do amigo...
como é bom saber que há quem
sinta carinho por mim.
Quero receber o afeto que o mundo me dá
e ser também capaz
de expressar esse afeto aos outros.
Quero poder vivenciar cada gesto de carinho,
por menor ou mais simples que seja,
como o "bom-dia" inesperado,
a gentileza merecida,
o "obrigado" que vem de quem convive comigo.

Quando termina o luto?

Do mesmo modo que é importante viver o luto, é importante superá-lo. Viver o luto, seja pela morte de alguém, seja por uma situação trágica ou perda irreparável, é sempre importante. O luto nos ajuda a assimilar a situação. Mas não podemos permanecer no luto para sempre. A vida continua, e depois de um tempo devemos nos permitir voltar a viver.

Nos sofrimentos, comportar-me com paciência e calma, sabendo que com o tempo tudo passará.
Santa Faustina Kowalska

Deus, que és todo amor,
recebe em teu coração meu sofrimento e meu luto.
Recebe aquilo que perdi,
mas também a minha dor por ter perdido.
Recebe meu medo, meu sofrimento
e minha profunda tristeza.
E me sustenta,
dando forças para que eu perceba
que posso continuar minha vida
e mereço ser feliz.

Elevo a Deus a minha oração

Quem reza se coloca em sintonia com Deus e consigo mesmo. A oração é o espaço do aconchego, do cuidado de Deus, do carinho que Ele faz em nós. Às vezes a oração também é momento para revermos nossa vida, nossas atitudes e nossas escolhas, nos ajudando a perceber quando precisamos melhorar. A sintonia com Deus, quando madura, nos faz muito bem.

A oração é um impulso do coração.
Santa Teresinha do Menino Jesus

Cuida de mim, meu amado Pai.
Na tua presença quero apenas ser
como a criança que confia,
dando a mão à sua mãe e sendo guiada por ela.
Em tua companhia,
me sinto como quem pula no colo de seu pai
e tem a certeza que será amparado e protegido.
Cuida de mim…

Por vezes a direção vale mais do que a intensidade

Muitas vezes nos preocupamos em ser muito intensos, sobretudo quando iniciamos uma atividade nova ou queremos mudar um comportamento. Mas esse pode ser um erro. Uma mudança muito repentina e intensa pode parecer um bom sinal, mas é comum que nos cansemos. Afinal, tanto aquela rotina de atividades físicas, a dieta, a meta para estudos e leituras quanto a vida de oração são mais eficientes quando realizadas cotidianamente. Por isso, busque assumir bons comportamentos e perspectivas, mas cuidado para que a intensidade não a leve ao cansaço e a faça desistir.

Sempre dizem que o tempo muda as coisas,
mas quem tem que mudá-las é você.
Anaïs Nin

Senhor, quero ser inteira em tudo aquilo que faço.
Quero que meu agir seja expressão
daquilo que quero para a minha vida.
Dá-me o discernimento necessário
para que respeite os limites de meu corpo,
de minha saúde psíquica e física.
Mas também dá-me o ânimo necessário
e, mais ainda, ajuda-me
a estar sempre na direção certa,
para que seja uma mulher realizada.

Cultive bons hábitos

Nossa vida é feita de hábitos e rotinas. Um hábito pode ser entendido como aquele comportamento ou atividade que acontece rotineiramente, aquilo que fazemos sempre. Quando um hábito é bom, assim como uma alimentação saudável ou a prática de buscar a saúde mental, o chamamos de virtude. Porém, quando o hábito é ruim e traz prejuízos à nossa vida, como a má alimentação, o chamamos de vício.

Viver bonito é saborear cada dia,
acrescentando algo de bom ao
ambiente em que se vive.
Maria Augusta Christo de Gouvêa

Sou dona da minha própria vida
e das minhas escolhas.
Sei que sou influenciada por pessoas
e circunstâncias,
mas posso a cada dia escolher
aquilo que quero ou não fazer da minha própria vida.
Que eu tenha o discernimento necessário,
dom da sabedoria divina,
para fazer boas escolhas
e a atitude forte para colocá-las em prática.
Que assim seja!

Valorize o dom da vida

A vida é o maior dom que temos. E isso é verdade por uma questão muito simples: sem vida não fazemos mais nada. Cuidar bem da vida que temos é importante para que possamos nos dedicar a tudo o mais que queremos. Valorize sua vida! Assim poderá se dedicar a tudo o mais que for importante para você.

As flores dos campos não mudam de lugar à procura dos raios de sol: Deus tem o cuidado de fecundá-las onde estão. Ficai onde Deus vos colocou, e dai os frutos que Ele vos pede.
Madame Swetchine

Obrigada, Deus.
Como é bom estar viva!
Tenho minhas dificuldades,
meus problemas e minhas aflições.
Nem tudo está como eu queria,
mas quero agradecer pelo milagre de estar viva,
de ser vida e de poder espalhar a vida!
Obrigada, Deus!

Novos horizontes

O mundo é grande e não acaba na rua que passa pela nossa casa. Atrás da montanha que vemos existem muitas situações a serem descobertas. A vida é um chamado a abrir-nos a novas possibilidades, novas músicas e novos cantores, novas comidas, novas cidades, novos livros e conhecimentos. Abra-se aos novos horizontes.

Se desejarmos seguir os caminhos de Deus,
sua santa sabedoria seguramente
vai nos guiar e nos ensinará
o que é melhor para nós.
Joyce Rupp

Deus de bondade,
dá-me a graça de ser ousada.
Dá-me o dom de não ser acomodada.
Que cada pequena nova coisa
que fizer parte da minha vida,
cada pessoa que eu conhecer,
cada novo caminho que eu percorrer,
me ajude a desbravar as possibilidades que o mundo me oferece,
mas também as possibilidades
que existem dentro de mim.

Valorize a família

Cada uma do seu jeito, com seus problemas e suas alegrias, a família é responsável pela nossa história, por aquilo que nos sustenta e pelo que somos. Seja a família de onde nascemos, seja a família que eventualmente a vida nos deu, ela é parte de nós. Às vezes gostaríamos de ter uma família mais bem-estruturada ou mais unida. Às vezes somos felizes por termos uma família que nos apoia e ampara. Mas busque sempre perceber os valores e dê importância à sua família.

O que você pode fazer para promover a paz mundial? Vá para casa e ame a sua família.
Santa Teresa de Calcutá

Deus, que podemos chamar de Pai,
mas também de Mãe,
olha pela minha família.
Sei das dificuldades de cada um dos meus familiares
e também das minhas limitações.
Mas também sei que tua presença nos acompanha.
Por isso peço que abençoes a minha família
para que ela possa ser expressão do teu amor.

Aceite ajuda.
Ninguém se basta

Uma mão estendida quando precisamos pode fazer diferença em nossa vida. Não seja orgulhosa, negando-se a receber ajuda quando ela se faz necessária. Às vezes é preciso entender que necessitamos da ajuda dos outros para superar aquilo que não somos capazes de resolver sozinhos. Não se sobrecarregue desnecessariamente. Quando aceitamos ajuda, nossa vida pode se tornar mais leve.

Estás obrigado a ajudar os outros com a palavra e na verdade, com o exemplo das boas obras, e respondendo de todas as maneiras que possas às suas necessidades.
Santa Catarina de Sena

Senhor, estende-me tua mão.
Quando eu estiver sobrecarregada,
que tua companhia, tua ajuda e presença
possam fazer diferença em minha vida.
Que eu aceite a tua ajuda
e a das pessoas que comigo convivem
da mesma forma que entendo
que posso ajudar os outros.

Ninguém dá o que não tem

Cada pessoa faz, no momento, o melhor que consegue fazer. Ora, se alguém faz o mal ou se uma pessoa não é boa o suficiente, talvez seja porque, humanamente, é incapaz de agir de outra forma. Será que alguém tem o propósito de ser mau, ou é mau porque não tem condições de ser melhor? Claro que não se trata de justificar a maldade, mas de perceber que os seres humanos são limitados.

É obrigação de todos edificar os demais com uma vida boa, santa e honesta.
Santa Catarina de Sena

Pai querido,
ajuda-me a ser caridosa com as pessoas.
Caridosa a ponto de perceber as limitações
de cada uma delas,
mas também de ensiná-las com
amorosidade e atenção.
Que a minha presença as edifique
e que também eu seja cada vez melhor na caridade,
aceitando as limitações dos outros,
mas também as minhas.
Assim, com a tua graça, nos faremos melhores.

Dedicamo-neos àquilo que é importante

Jesus diz: "Onde estiver vosso tesouro, aí também estará o coração" (Mt 6,21), e isso é muito verdade. O ser humano se dedica àquilo que é importante para ele. Olhe para a sua vida. O que mais ocupa seu tempo? Esse é o seu tesouro e aí está seu coração. Mas outra verdade deve ser vista: é muito triste quando nosso coração está repleto de tesouros materiais ou passageiros.

Um amigo me chamou pra cuidar da dor dele... Guardei a minha no bolso e fui.
Clarice Lispector

Dedicar-me àquilo que é importante,
é isso que eu desejo.
Ocupar minha vida cuidando de mim mesma
e daqueles que eu amo,
é essa graça que eu quero ter.
Que tudo aquilo que eu faço,
o emprego, o cuidado da casa e da família,
seja uma forma de cuidar dos teus filhos e filhas,
e de mim mesma,
ó meu querido Deus.

No palco da vida

Somos as principais atrizes do palco que é a nossa vida. E nesta vida não há um roteiro definido, mas ela se faz conforme vamos nos apropriando de nossa função nesse espetáculo. Algumas pessoas se sentem melhor assumindo o papel de coadjuvantes, outras buscam os principais papéis. Mas é muito ruim quando nos limitamos à figuração, deixando que os outros ocupem esse espaço que é a história da nossa própria vida.

O comprometimento abarca a visão que o sujeito tem do mundo e, consequentemente, sua percepção da organização e de seus protagonistas.
Silvia Sell Duarte Pillotto

Senhor, quero ser a escritora
do roteiro da minha existência.
Que no palco da minha vida eu conte com ajuda
para escrever a melhor história possível.
Que nesse enredo eu consiga assumir meu papel,
sendo a protagonista da minha própria existência.

Não se tome pela preocupação

Há muita coisa que nos preocupa e, quando somos tomados pela preocupação, perdemos a tranquilidade. A palavra "preocupar" vem de "ocupar-se previamente", ou seja, quando estamos preocupados nos ocupamos daquilo que ainda não aconteceu. Por isso, a preocupação está mais relacionada aos nossos medos e pensamentos do que à realidade. Claro que por vezes a preocupação pode ser fruto da prudência que temos, mas pessoas que se preocupam demais sofrem desnecessariamente e por antecipação.

Alegra-te por tudo aquilo que podes e sabes fazer, em vez de sofrer e preocupar-te por coisas que saem mal.
Jessica Tate

Senhor, sei que estás comigo.
Entrego em tuas mãos todas as minhas preocupações.
Há coisas e situações preocupantes
e isso toma meu coração e minha mente.
Peço que as acolhas
e me ajudes a ser ponderada e prudente,
ocupando-me daquilo que realmente
merece meu tempo e minha dedicação.

Na vida
é preciso ter paciência

Muita coisa não acontece no nosso tempo. Por mais que queiramos, a massa do pão não vai crescer antes do tempo certo, a semente não vai germinar até que esteja madura, e mesmo o bebê, na barriga de sua mãe, se saudável, nascerá no seu tempo. Se não soubermos esperar, não vamos viver as situações com maturidade. Ter paciência significa olhar para cada situação e buscar perceber o tempo certo, como a pessoa que quer ver o nascer do sol, mas sabe que necessariamente deve esperar a noite passar.

O tempo é a espera de Deus que mendiga o nosso amor.
Simone Weil

Meu Deus, como é difícil ter paciência.
Às vezes eu gostaria que tudo acontecesse
muito rápido,
que tudo se resolvesse e acontecesse do meu jeito.
Dá-me esse dom,
ajuda-me a amadurecer a ponto de se entender
que certas situações não dependem de minha
vontade e que devo esperar,
zelando e cuidando.

Às vezes
é preciso ter atitude

Somos os sujeitos da nossa vida. Quem não assume sua própria existência permite que ela seja construída pela vontade de outras pessoas. E não confunda a opção de compartilhar situações com amigos, amigas ou familiares com a atitude de delegar as decisões sobre sua própria vida a outras pessoas. Sua vida é responsabilidade sua e vivê-la da melhor forma possível é sua responsabilidade.

> *Não aceito mais as coisas que não posso*
> *mudar, estou mudando as coisas*
> *que não posso aceitar.*
> Angela Davis

Quero entender que minha vida me pertence,
quero sentir o sabor de poder fazer as escolhas
para viver minha existência
da melhor forma possível.
Quero colher os frutos
de minhas escolhas e atitudes,
mesmo que para isso também sinta o peso
de ser responsável por mim.
Acompanha-me, Pai bondoso,
nessa jornada que é a minha existência.
Amém.

Quando as coisas fugirem do controle, respire

Ninguém é capaz de controlar tudo. Há muita coisa em nossa vida que foge do nosso controle. Às vezes é o carro que bate, o desemprego que vem ou algum familiar ou pessoa querida que morre. O que fazer? Antes de tomar qualquer decisão, respire. A respiração nos traz calma; sem tranquilidade, pouco conseguimos fazer quando tudo parece fora do controle.

O desânimo é o caminho para a doença. A luta é o alimento para a vitória.
Santa Paulina

Senhor,
quando a aflição tomar conta de mim,
tranquiliza-me.
Quando tudo parecer sem perspectiva,
mostra-me o caminho.
Quando eu não souber o que fazer,
orienta-me.
Dá-me tempo, tranquilidade e a tua presença.
Todo o mais me virá por acréscimo.

Cuidando da mente

Cuide da sua mente. Vivemos em um mundo tão acelerado e de tantas cobranças que às vezes descuidamos de nossa saúde mental. Na busca de cuidados, muitas tradições antigas falam dos benefícios da meditação. Por vezes pare, respire, preste atenção em sua própria respiração. Mas podemos falar também de um cuidado com nossa mente por meio de alguns hábitos que já fazem parte de nossa rotina. Escute boas músicas, leia bons livros, respire com tranquilidade... nutrindo sua mente você estará cuidando de si mesma.

Não sei exatamente o que você precisa fazer para cuidar de si mesmo. Mas sei que você vai descobrir.
Melody Beattie

Quando minha mente estiver agitada
e turbulenta,
tranquiliza-me, Senhor.
Quando meu espírito estiver cansado,
acalma-o, Senhor.
Quero respirar e sentir tua bênção
tomando conta do meu ser.
Tranquila e serena,
que minha mente me dê equilíbrio
para viver o meu cotidiano. Amém.

Quem tem uma amiga encontrou um tesouro

A vida é muito mais bela quando a compartilhamos. E com as amigas e amigos compartilhamos nossos risos e sorrisos, nossas alegrias e nosso tempo, nossos desejos e projetos. Amigas e amigos se alegram com nossa alegria e festejam nossas realizações. Mas também com eles compartilhamos os momentos difíceis. Choramos nossas dores e dividimos nossas angústias. A amizade faz a vida ser mais leve. Pessoas assim são raras. Por isso cuide de suas amizades.

A verdadeira amizade consiste em aperfeiçoar-se mutuamente e em aproximar-se mais de Deus.
Santa Teresa dos Andes

Abençoa, Senhor, minhas amigas e meus amigos.
Que bom ter a companhia, o amparo e a alegria
daqueles que comigo compartilham a vida.
Sou grata por cada amizade que construí
ao longo da minha vida.
Lembro de amigas e amigos
que não mais fazem parte de minha rotina.
Obrigada, Senhor.
E quero colocar sob os teus cuidados
as amigas e os amigos que hoje convivem comigo.
Que cada uma e cada um seja abençoado por ti.

A força das palavras

As palavras têm muito peso para quem as escuta. Um elogio pode construir autoestima, mas uma crítica ou uma palavra maldosa podem criar marcas profundas na alma de quem as escuta. Seja atenta ao que fala – com os filhos, amigos ou parentes. Suas palavras têm muito poder.

É preciso fazer silêncio para escutar aquele que tem tanto para nos dizer.
Elisabete da Trindade

Jesus,
que instruías teus discípulos,
que ensinavas aqueles que te procuravam,
que proferias sábias palavras a enfermos,
prostitutas e pecadores,
ensina-me que não posso apequenar ninguém,
mas que minhas palavras devem ser
de instrução e amor.
Que cada palavra que sair da minha boca
seja manifestação da tua Palavra de amor.

Mantenha a serenidade

Como é bom conviver com quem é sereno, com quem sabe corrigir sem ofender e sabe instruir com leveza e mansidão. Ao contrário, pessoas rudes geram desconforto e criam um ambiente desagradável. Também quem é agitado pouco ajuda em momentos de turbulência, mas quem é sereno consegue ver as possibilidades e proporciona relações mais tranquilas e amistosas.

O amor de Deus traz sempre consigo a alegria, a serenidade e a paz.
Tecla Merlo

Senhor Jesus,
que instruías teus seguidores com mansidão
e acolhimento,
que curavas os doentes com gestos
de carinho e cuidado,
que acolhias as mulheres sem julgamentos,
dá-me a serenidade que habita teu coração.
Quando a turbulência passar pela minha vida,
que eu seja serena.
Quando a raiva e o ódio estiverem ao meu redor,
que eu consiga agir com amorosidade.

Desapegue-se daquilo que não serve mais

Na vida nos apegamos a muitas coisas que por vezes não servem mais, mas que ficam ali, paradas, tomando nosso espaço e nosso tempo, fazendo com que nos ocupemos com aquilo que não tem utilidade alguma. Ocupemos nossa vida, nosso tempo e nosso coração com aquilo que traz crescimento, afeto e amizade. Por vezes, para termos espaço e tempo para novas pessoas e vivências, precisamos nos desapegar do que não nos serve mais.

Tudo passa e nós também. Cada dia nos aproximamos da eternidade. Para que nos apegarmos a coisas que morrem?
Santa Teresa dos Andes

Quero olhar ao meu redor e
perceber aquilo que carrego
e que não me serve mais.
Quanta coisa ocupa espaço e meu tempo.
Se não tivesse que me ocupar daquilo que
não mais me traz benefícios
ou que não tem utilidade,
eu poderia estar com
as pessoas que eu amo, poderia
me dedicar a novos aprendizados,
poderia descansar.

Minha vida de espiritualidade

Somos pessoas de espiritualidade conforme abrimos a nossa vida à ação de Deus. Grandes personalidades da história são reconhecidas como pessoas de espiritualidade porque criam uma intimidade tão grande com Deus que permitem que Ele faça parte de suas vidas. A oração é o momento em que podemos construir a intimidade, em que percebemos qual é a vontade de Deus para podermos nos abrir a ela.

Se desejarmos seguir os caminhos de Deus, sua santa sabedoria seguramente vai nos guiar e nos ensinará o que é melhor para nós.
Joyce Rupp

Que sejamos um, Deus de amor.
Quero acolher-te em minha intimidade
para que possa também eu participar
de tua intimidade.
Quero acolher-te em minha vida
para que eu viva ao teu cuidado.
Junto de ti, tudo se torna pequeno e dispensável
porque tenho tua presença,
mas tudo se torna grande e importante
porque tudo vem de ti.

Seja luz!

A luz não ilumina a si mesma. Utilizamos a luz para enxergar o que está à nossa volta. Não damos importância a ela até que nos vemos no escuro. Também assim são as pessoas. Se alguém é luz, é porque não ilumina a si, mas se torna dom na vida dos outros. E muitas vezes também só percebemos o valor de quem é luz quando essas pessoas nos faltam.

Não devemos permitir que alguém saia de nossa presença sem se sentir melhor e mais feliz.
Santa Teresa de Calcutá

Senhor, ilumina!
Ilumina a minha vida
para que eu viva sob a tua luz.
Ilumina a minha vida
para que eu possa ser sinal da tua presença
na vida daqueles que comigo convivem.
Ilumina a vida de meus próximos
para que também eles tenham tua luz.
Ilumina a vida de cada um que se sente apagado,
para que se sintam filhos
e filhas que são amados por ti.
Ilumina!

É bom ser amável

Tratar bem o outro nunca é demais. Ser amável faz bem não somente ao outro, mas também a nós. Pessoas arrogantes ou mal-educadas criam ambientes desagradáveis, a grosseria delas diminui as pessoas. Ser amável, pelo contrário, torna mais agradável a vida das pessoas que conosco convivem.

Vamos sempre nos encontrar com um sorriso, pois o sorriso é o começo do amor.
Santa Teresa de Calcutá

Senhor,
que meu sorriso revele tua alegria,
que a minha gentileza revele o cuidado que tens
para com cada filho e filha,
que meu afeto revele teu amor.
Que eu seja um canal de comunicação
entre a tua bondade e as pessoas.
Que tua ternura esteja sempre comigo. Amém.

Busque ser melhor, mas aceite o erro

"Ninguém nasce sabendo." Quem nunca escutou essa frase? E ela tem muito de verdade. Muita coisa na vida podemos aprender. Seja na vida escolar, quando aprendemos a ler e escrever, seja em habilidades como dirigir um carro ou a arte de fazer bolo, nada se nasce sabendo e tudo se aprende. E nesse processo da busca do aprendizado, o erro é uma parte inevitável. Aceite-o como parte do processo, mas olhe sempre além.

> *A primeira coisa que devemos entender é*
> *que não se chega diretamente à verdade.*
> *Precisamos de erro.*
> Susan Sontag

Como o erro me incomoda.
Não gostaria de errar e isso me amedronta,
me inquieta e às vezes me deixa mal.
Às vezes me sinto desvalorizada
porque as pessoas me julgam pelos meus erros
e isso faz com que eu me cobre muito.
Tranquiliza, Deus, meu coração.
Que eu busque, sim,
ser sempre uma pessoa melhor,
mas aceite que nesse processo
os limites se fazem presentes,
e por vezes os tropeços acontecem.

E quem cuida de mim?

Pode ser que você se ocupe intensamente de cuidar das pessoas. Mas quem cuida de você? E essa pergunta é importante não para que você se coloque na situação de vítima, dizendo que o universo é injusto e ninguém cuida de você apesar de sua solidariedade e bondade. Todos precisamos de cuidado. Aceite ser cuidada ou se cuide.

Sim, a vida é dura, e Deus, que é amor, o sabe, e sempre cuidou disso.
Chiara Lubich

Cuida de mim, ó Deus.
Quando eu estiver cansada, cuida de mim.
Quando eu estiver sem forças
ou quando parecer que a vida está sem sentido,
cuida de mim.
Quando a rotina for pesada, cuida de mim.
E mesmo que não me sinta cuidada, cuida de mim,
ó Deus.

O poder de ser solidária

A solidariedade é própria de quem é sensível o suficiente e consegue olhar para o outro. É a atitude daquela que se sensibiliza inclusive com quem não conhece. Ser solidária é consequência da atitude de quem se coloca no lugar do outro, sentindo suas dores e suas condições.

Deus não gosta dos insensíveis.
Santa Dulce dos Pobres

Olha, ó Pai,
por aqueles que precisam da nossa solidariedade.
Olha por aqueles que sofrem com
as tragédias naturais,
com as tragédias sociais
como a violência e a pobreza,
olha por aqueles que vivem
as consequências do ódio político e da guerra.
Olha também por aqueles que sofrem
por não terem ninguém.
Que eu tenha coração generoso
e sensibilidade suficiente para ser tua presença.

Cuidar do corpo
é importante

Nosso corpo é a nossa comunicação com o mundo. Porém é importante termos clareza de que não somos separados dele. Cuidar de seu corpo é cuidar de si mesma, o que significa cuidar de sua saúde física, com boa alimentação e atividades, sempre respeitando sua condição, mas também significa cuidar da aceitação. Valorize seu corpo e goste dele.

A alma ama seu corpo e o tem como uma bela vestimenta e um adorno encantador.
Santa Hildegarda de Bingen

Sou templo do Espírito
e quero que Ele habite em mim.
Criada à imagem e semelhança de Deus,
quero perceber a beleza que há em mim.
Quero ter carinho e cuidado
com o presente que Deus me deu,
accitando-me, mas também cuidando de mim.
Senhor, pode não haver beleza
em um corpo criado por ti?
Sou obra de tuas mãos.
E há muita beleza em mim!

Tenha esperança

Quem tem esperança não se acomoda, mas se incomoda com aquilo que não está bom. Isso porque a esperança não pode ser entendida como um simples esperar, mas como "esperançar", como dizia o educador Paulo Freire. Tenha esperança! Ela é a atitude de quem não se acomoda.

*Quando tudo nos abandona,
abandonemos tudo a Deus.*
Santa Madalena Sofia Barat

Meu Jesus,
que eu seja alguém de esperança!
Esperança de que a vida pode ser melhor,
esperança de que a humanidade pode ser melhor,
esperança de que talvez eu
não possa mudar o mundo,
mas possa mudar o meu mundo,
a minha família, a minha vida,
fazendo desses espaços um lugar melhor. Amém.

Às vezes
a enfermidade chega

Como é sofrido passar por uma enfermidade, sobretudo quando ela é grave ou incurável. Apenas quem sente as dores, sejam elas físicas, sejam emocionais, sabe o sofrimento vivido. Nesse momento, as palavras parecem não confortar, mas por vezes a presença das pessoas queridas torna-se um carinho na alma.

Ninguém se queixaria da cruz nem dos sofrimentos se conhecesse a balança onde são pesados os tesouros de recompensa para serem distribuídos aos homens que vencem as tribulações.
Santa Rosa de Lima

Senhor Jesus,
que abraçaste o sofrimento na cruz
com mansidão e paciência,
dá-me a serenidade de passar por este momento
tão difícil da minha vida.
Abençoa aqueles que me acompanham,
olha pelos profissionais da saúde
que cuidam de mim
e me sustenta para que eu supere tudo com
dignidade e mansidão.

Cultive seus ideais

Viver sem um objetivo é sobreviver. Limitar-se ao cotidiano pode ser pesado. O ser humano que cultiva ideais encontra sentido para a sua vida. Claro que cada pessoa, com seu modo de ser, seus costumes e suas relações, pode ter diferentes ideais. Mas sem eles nossa vida se torna muito comum e se apequena.

As únicas pessoas que nunca fracassam são as que nunca tentam.
Ilka Chase

Quero ser como Jesus, que de tanto amor
não consegue oferecer senão o seu amar.
Quero ser como Jesus que assumiu em
sua vida o ideal de amar.
Quero ser como Jesus
que se entregou aos seus ideais de tal modo
que a cruz não se tornou sinal de fracasso,
mas consequência de sua entrega total.
Quero viver o gosto e o prazer
de poder me dedicar àquilo
que faz minha vida ter sentido.

Agradeça

Na vida, recebemos muito mais do que damos. Nem sempre recebemos tudo aquilo que gostaríamos, mas muito nos é dado. Pessoas, situações e bens materiais... o que seríamos sozinhos? Por isso é importante ser grato às pessoas que estão à nossa volta, à natureza que nos dá alimento, a Deus que nos dá a vida e nos sustenta.

Minha alma engrandece o Senhor e rejubila meu espírito em Deus, meu Salvador.
Maria de Nazaré (Lc 1,46-47)

Hoje quero apenas agradecer…
Reconheço tudo o que me é oferecido.
Agradeço, Senhor, pela natureza
que vem de tuas mãos,
pelo canto dos pássaros que alegra o mundo,
pelo vigor das crianças que mostram o quanto
podemos aproveitar a vida,
pela minha vida que é
dom renovado a cada manhã.
Obrigada, meu Deus!

Os encontros que a vida nos dá

Como seria nossa vida sem as pessoas? O ser humano sente a necessidade de compartilhar afetos, mas também vivências e seu cotidiano. Mesmo as pessoas desconhecidas acabam sendo importantes para a nossa vida, isso porque em nosso cotidiano encontramos muitas pessoas das quais por vezes nem sabemos o nome. Pessoas passam pela nossa vida o tempo todo, cada uma com sua história, com seus dramas, mas também com sua presença e alegria.

*O nosso amor ao próximo
é a medida do nosso amor a Deus.*
Santa Teresa Benedita da Cruz

O alimento que chega a mim,
a roupa que foi confeccionada
ou as ruas que foram pavimentadas,
tudo é resultado do trabalho de alguém
que por vezes nem conheço.
A atendente do supermercado,
do serviço de atendimento de *telemarketing*
ou o motorista do transporte que utilizei,
cada um tem a sua história
e está trabalhando pelo seu sustento.
Hoje rezo por cada pessoa que passou
ou passará pelo meu dia.
Que elas sejam abençoadas por ti, ó Deus.

Entusiasmo

Já viu uma pessoa entusiasmada? Geralmente é aquela que é animada, que tem vontade de se dedicar à realização de seus projetos. A palavra entusiasmo vem do grego e significa "estar em Deus" ou ainda "ter Deus dentro de si". Então, alguém entusiasmado é alguém que está tomado por Deus ou o carrega dentro de si.

Em qualquer lugar que estejamos temos Deus conosco. Alegremo-nos.
Santa Luísa de Marillac

Quero me abrir à tua presença,
quero ser tomada por teu Espírito.
Deus, sê presença em meu ser
de modo a motivar-me.
Que eu possa ser movida por teus ideais,
motivada por teus projetos,
arrebatada por tua paz,
animada por tua alegria.
Não há maior alegria do que ter tua companhia,
tua ternura e bondade.
Que minha vida seja tua
para que todo o meu eu seja em ti.

Deus nos abençoa

Os nossos antepassados tinham o costume de pedir a bênção e abençoar. Aos poucos as novas gerações foram perdendo esse costume. "Pedir a bênção" ou "abençoar" alguém ou ainda "bendizer" significa invocar coisas boas sobre a pessoa que é abençoada. Mas quem nos abençoa? Quando somos abençoados por alguém é o próprio Deus que se faz presente em nossa vida, trazendo sobre nós sua própria presença.

O Senhor te abençoe e te guarde.
O Senhor faça brilhar sobre ti sua face,
e se compadeça de ti.
O Senhor volte para ti sua face
e te dê a paz.
(Nm 6,24-26)

Deus de carinho e cuidado,
cuida de mim me abençoando,
cuida de mim sendo como o remédio que cura,
como o alimento que sustenta,
como o carinho que acalma.
Cuida de mim como uma mãe cuida de seu bebê,
como a avó mima seus netos e netas,
e que a cada dia eu me sinta
abençoada pela tua graça,
vivendo sempre na tua presença.
Amém.

Conecte-se conosco:

f facebook.com/editoravozes

◉ @editoravozes

𝕏 @editora_vozes

▶ youtube.com/editoravozes

◯ +55 24 2233-9033

www.vozes.com.br

Conheça nossas lojas:

www.livrariavozes.com.br

Belo Horizonte – Brasília – Campinas – Cuiabá – Curitiba
Fortaleza – Juiz de Fora – Petrópolis – Recife – São Paulo

EDITORA VOZES LTDA.
Rua Frei Luís, 100 – Centro – Cep 25689-900 – Petrópolis, RJ
Tel.: (24) 2233-9000 – E-mail: vendas@vozes.com.br